Reimer Bull

Wiehnachten
so oder so

Geschichten to Advent,
Wiehnachten un Sylvester

Quickborn-Verlag

8. Auflage 2005

ISBN 3-87651-211-5

© Copyright 1998 by Quickborn-Verlag, Hamburg
Umschlagabbildung: Christel Hudemann-Schwartz, Hamburg
Gesamtherstellung: Clausen & Bosse GmbH, Leck
Der Umwelt zuliebe
auf chlorfrei gebleichtem Papier gedruckt.
Printed in Germany

Inhalt

So veel Lüüd –
so veel maal Wiehnachten.
Aver wat is Wiehnachten?

Dat ool Huus

Ik weer as jeedeen Dezember för enen Dag in de Stadt fohrt, wo ik groot worrn bün, wull de Graffsteden vun de Öllern besöken, en Struuß för ehr bringen, se sünd beid um düsse Tiet storven. Ik stunn vör ehren Steen, lee den Struuß daal, bleev en Momang stahn, gung denn de annern Wegen över'n Karkhoff, lees de olen Navernaams un leep Hans Möller in de Mööt, mit em heff ik op de Schoolbank seten. Wi snacken en paar Regen, do sä he: Dien Öllernhuus steiht wedder to verkopen, ik makel dat, wullt du dat hebben? Ik lach: Wat schall ik mit dat ool Huus, mien Fruu un ik wahnt wiet weg un hebbt uns egen Wahnung! Un sä denn doch: Wo süht dat denn ut vundaag? Wullt du dat sehn? fröög he. Hier sünd de Slötels, kiek man maal rin, ik kann nich mit. Langst ehr mi naher vörbi, wenn du na Huus fohrst. Ik laat di ok wat na, wenn du kopen wullt. Denn gungen wi uteneen. Un ik stunn dor mit de Slötels in de Hand.

Dat Huus sehg ut as jümmer. Ik möök de Goorn-poort op, de knarr nich mehr. Schaad. Mudder kunn al an dat Knarren hören, wokeen an't Huus keem. Knarr dat man eenmaal fix ›Poort op‹, weer Peter Post dat. Maal hett Mudder em anblafft: Kannst du de Poort nich wedder achter di totrek-ken, wenn du de Breven insteken hest! Aver Peter hett seggt: Wenn ik all Poorten ok noch wedder to-trecken schall, mußt du en Stunn länger op dien Breven töven un ik op mien Middag. Un dat letzt, dat kannst' nich verlangen ween!

Knarr de Poort aver sinnig op un wedder to, weer Oma dat. De keem jeedeen Sünndagnamid-dag Punkt Klock veer to Kaffee; Opa weer doot un uns Vadder Suldat. Sodra de Poort dat Janken anfung, reep Mudder: Jungs, Oma kummt, weest manierlich un snackt schöön luut! Oma kunn nich mehr recht hören un muß en lang, swatt Höörrohr bruken. Dat leeg blanken ehren Ko-kenteller.

Denn seet se dor mit Mudder, stipp den Koken in den Kaffee, eet, drunk, kreeg ehr Stricktüüg ut den Büdel, strick, lang na dat Höörrohr, wenn Mudder vertell, steek sik dat in't linke Ohr, rich dat mit de een Hand na Mudder ut un heel mit de anner de Maschen op de Nadel fast; pack dat Rohr wedder blangen den Kokenteller, wenn Mudder sweeg, vertell nu sülm wat un sett dat Rohr wedder an, wenn Mudder anter. So gung dat, Rohr rin, Rohr rut, bit de beiden de Stadt dörchsnackt harrn un de ool Standklock süß sloog. Denn schoov Oma ehr Höörrohr in de Handtasch, verstau dat Stricktüüg, stunn op, sä ›Bit tokamen Sünndag‹, nück uns to, wi grölen: Tschüüß, Oma! un buten knarr de Poort sinnig op un wedder to.

Weer düt Höörrohr nich ween, wi weern womööglich nie nich dor achter kamen, dat Oma eenmaal ok den Wiehnachtsmann för uns speelt hett. Dat weer dat eerst Wiehnachten in' Krieg. De Vadders in uns Straat weern över Nacht Suldaten worrn. So ok Fritz Mohr. De aver weer mit sien stevige Figur un de deepe Baßstimm in all de Johren de Wiehnachtsmann in uns Straat ween. Un hett dor sien Höög an hatt, stunn in de Stuven in sien roden Mantel, de witte Boort wall em bit op den Buuk daal, un wi mussen em uns Gedicht opseggen. He tüdel den groten Sack op, trock de Geschenken ruut un brumm: Nu speelt dor man schöön mit. Maal hett he den Sack opmaakt un dorbi gnurrt: Na, heff ik ok allens inpackt un nix vergeten? Do is mien lütten Broder in' Dutt schaten un hett ropen: Maak keen Schiet! Ik tööv al so lang! Fritz hett em eit un hett seggt: Keen Bang, is allens dor. An Avend hett de Lütt sik dat Gesicht nich waschen wullt. Diese Backe hat der Weihnachtsmann geeit, hett he seggt, die laß ich so!

Wenn Fritz aver to Ilse Bloom keem, denn stunn Ilse vör em un krall sik an ehr Mudder fast, de harr je jümmer drauht: Kinner, de sik nich schickt, de stickt de Wiehnachtsmann in 'n Sack un nimmt ehr mit. Un wo Fritz nu dat letzt Wiehnachten Ilse fraagt, wat se denn ok en lütt Riemel för em opseggen kann, do kriggt se keen Toon ruut, starrt bloots op den groten Sack un maakt Lütt in de Büx, dat löppt ehr langs de Been. Do hett Fritz to ehr seggt, vun nu an wull he ehr de Geschenken mit de Wiehnachtsmannpost schicken, denn de Wiehnachtsmann, hett he seggt, will dat tokamen Johr maal verreisen. Un ahnt nich, as he dat seggt, dat anner Johr mutt he in'n Krieg. As he wedderkummt, sünd acht Johr vergahn, do hebbt wi keen Wiehnachtsmann mehr nödig hatt.

Uns Mudder aver seet op'n Proppen, as Fritz weg un in'n Krieg muß. Wo kreeg se nu en Wiehnachtsmann her? Do sä se to Oma: Maak du em man! Wi steekt di in Fritz sien Mantel, hangt di den Boort um de Nees, seggen mußt du nix, en beten Grummeln un Brummen, dat langt. De Jungs sünd dor je noch so dull achterran, de is dat Wiehnachten ahn Wiehnachtsmann ut- schännt.

Un Oma steeg in Opa sien Langschäfters, ver- swunn meist in Fritz sien roden Mantel un bunn sik den witten Boort ünner de Nees. So stunn se achter de Schiebedöör mank Eet- un Wahnstuuv un tööv, bit Mudder op uns Siet de Dören langsaam trüchschoov. Mi keem he foorts en beten lütt vör, de Wiehnachtsmann. Nanu, dach ik, is he inlopen? Aver ehrer ik wat seggen kunn, sä Mudder al: Nu seggt man jun Gedicht op.

Ik muß anfangen:

Knecht Ruprecht

Von drauß' vom Walde komm ich her;
Ich muß euch sagen, es weihnachtet sehr!
Allüberall auf den Tannenspitzen
Sah ich goldene Lichtlein sitzen …

Un as ik dat segg, do fallt mi op, de Wiehnachts- mann knippt de Oogen so drullig to un leggt den Kopp en beten scheev, as kann he nich recht hören. Un as mien lütten Broder nu mit sien Part an de Reeg is:

Und droben aus dem Himmelstor
Sah mit großen Augen das Christkind
    hervor …

do höllt de Wiehnachtsmann de linke Hand achter
dat linke Ohr un böögt sik na den Lütten vör. De
aver rappelt nu langs de Versen, he will je an den
Sack ran:

Und wie ich so strolcht durch den finstern
    Tann,
Da rief's mich mit heller Stimme an.
»Knecht Ruprecht«, rief es, »alter Gesell,
Hebe die Beine und spute dich schnell …«

Un de Lütt röppt dat so luut, as will he nu sülm
den Wiehnachtsmann Been maken; de aver langt
miteens achter sik, wo dat Buffett steiht, grippt na
de Handtasch, de dor liggt, knippst ehr op, treckt
en lang, swatt Höörrohr ruut, will sik dat jüst in
dat linke Ohr steken, do ritt de Lütt de Ogen op
un röppt as ut de Pistol schaten: Hool stopp,
Wiehnachtsmann, dat is uns Oma ehr Rohr, dat
laat leggen, anners kann se nix hören, un wi mööt
grölen! So fix as do is bi uns noch keen Wieh-
nachtsmann ut de Döör sust, dat Rohr aver hett
he dorlaten.

14

Mudder wull uns naher, as wi in't Bett legen, verkloren, ok en Wiehnachtsmann kunn oolt warrn un nix mehr hören. Kann he oolt warrn, kann he ok starven, sä ik, kummt denn jümmer en frischen, en jungen? Dor harr Mudder noch nich över nadacht. Mien Broder aver meen: Laat man ruhig den Olen kamen, wenn he sowieso nich hören kann, wat ik opseggen mutt, denn kann ik dat man foorts nalaten, he kriggt dat je doch nich mit. Un wull vun den Dag an för den Wiehnachtsmann partout keen Gedicht mehr lehrn. Mudder hett dor nix to seggt, se hett spöört, dor geiht wat to Enn. Den Wiehnachtsmann hebbt wi nie mehr to sehn kregen.

Ik gung um dat Huus, so as in de jungen Johren. As Kinner mussen wi dörch den Stall gahn, vörn in'n Fluur wull Mudder keen Schiet hebben, un schietig weern wi jümmer.

De Stall leeg schier. Hier stapeln sik fröher de Briketts an de Wannen, legen de Köhlen. Ik möök de Döör na de Waschköök op. Keen Waschketel mehr, keen Balje för Spölen und Wringen, keen Pump.

Wenn Waschdag weer, keem Fruu Claußen ut de Süderstraat to Hölp. De har en Hals as en Goos so lang. As se dat eerstmaal bi uns in de Waschköök stunn, bün ik ehren Hals mit de Ogen op un daal gahn un heff staunt: Ah, wat hest du för'n schönen langen Hals, knickt de nich weg? Do kreeg ik vun Mudder en Jackvull. Anners weer Fruu Claußen nich to holen. Se hett Mudder anfuucht, wenn dat ehr Jung weer, denn wuß se, wat se nu to dohn harr. Do hett Mudder wull dacht: Wat is dat grötter Malöör, den Jungen vertageln oder de Waschfruu verleren?

De letzt Week vör Wiehnachten worr ut de Waschbalje en Fischbassin för de Wiehnachtskarpens, twee grote för Oma un Mudder, en lütten för mien Broder. Ik much keen Fisch, för mi geev dat Karbonade. Dat een Johr aver weern all dree Karpens in de Balje lieker groot, un de Lütt huul: Ich will aber meinen eigenen Karpfen haben! Do dörv he sik en utsöken. He wies mit den Finger op een vun de Fisch un sä: Das ist meiner! As he an Avend aver noch maal na sien Karpen sehn will, kann he em mich ruutkennen, en Fisch süht den annern liek. Do geiht he in den Stall, kriggt sik den Putt mit Öölfarv her un will sien Karpen en roden Placken op den Rüch malen, so as he dat bi Willi Bautz sehn hett, de weer Veehändler un pinsel sien Swien un Farkens rode oder blaue Plakkens op den Rüch, wenn he verscheden Partien to verkopen harr. En Karpen is aver je keen Farken, de Fisch will sik nich fangen laten, he flutscht den Lütten jümmer wedder ut de Fingers. Do warrt de Lütt grandessig, geiht in'n Stall, hoolt sik den Kä-scher, böört den Fisch ut' Water, leggt em op de Eer, dükert den Pinsel in de Farvdoos un will nu den Karpen den roden Placken op den Rüch ma-len. De aver nimmt de Farv nich an, liggt dor, jappt na Luft un weer dor wull över dootgahn, wenn Mudder den Spektakel in de Waschköök nich höört harr. Mein Himmel, röppt se, wat maakst du hier! Un as se begrippt, wat de Lütt mit den halvdoden Fisch opstellt, do sleit se de Han-nen över'n Kopp tosamen un schimpt: Jung, wi wüllt Karpen eten un keen Ölsardinen! Ruut mi di un to Bett!

As de Lütt in't Bett liggt un sien Mudder will em gode Nacht seggen un süht sien Hannen vull von rode Farv, do grient se un meent: Na, büst du en lütt Farken mit en roden Placken un schallst ver-kofft warrn?

Ich bin schon verkauft, antert he un smustert.

Oha, kickt Mudder verwunnert, wokeen hett di denn kofft?

Du, strahlt de Lütt, ich gehör' dir.

Denn wüllt wi de roden Plackens an dien Hannen man morgen fröh fix afwaschen, lacht Mudder, anners kummt dor noch en un seggt: Düt lütt Farken is mien Partie!

Ich bin aber deine Partie, seggt de Lütt, und Oma ihre und meinem Bruder seine.

Un unsen Vadder sien, seggt Mudder, em wüllt wi doch nich vergeten. Und meinem Papa seine, seggt he. Un slöppt in.

De Schiebedören mank Wahn- un Eetstuuv gaht jümmer noch so sacht un liesen op as do in de Kinnertiet. Düsse Dören weern de Scheed, achter ehr leeg dat ›Bescheren‹. Bescherung, dat weer dat Zauberwoort. Is nu Bescherung? Wannehr is dat endlich sowiet? So dibbern un drängeln wi. Denn stunnen wi dor vör de totrocken Schiebedöör, wullen dörch dat Slötellock kieken, wat de Wiehnachtsmann womööglich to sehn weer, wi hören em je grummeln un lopen. Man to Gesicht kregen wi em nich mehr, dat Lopen, Grummeln un Pultern weer uns Mudder; de vertell, nu wo Krieg weer, harr de Wiehnachtsmann dat hild, sien Tiet lang man knapp för't Rinkieken, Sack utpacken, un denn muß he ok al in Draff wieder. Aver mien Broder fluster mi to: Is he to hören, is he ok to sehn, huuk sik vör't Slötellock vun de Schiebedöör un puul de Watt ut dat Lock, de Mudder dor rinstoppt harr. He trock un trock un verwunner sik, dat de keen Enn nehm. Oma, de op de anner Siet Mudder to Hölp gung, harr em spitz kregen, se kreeg sik den Wattebüdel her un möök dat Lock jümmer wedder dicht. Mien Broder keek op den langen Striepen Watte in sien Hannen un flöök liesen: He kriggt aver ok allens mit, de Hund, he stoppt na! Man denn gung de Schiebedöör op, Mudder nehm uns bi de Hand, wi mussen mit ehr vör den Boom stahn, schullen nix seggen, bloots kieken un an unsen Vadder denken, de weer Suldat in Frankriek. Wi aver sehgen al dat groot Pakeet ünnern Dannenboom un dachen nix as: Wat mach dat ween?

Dat Pakeet keem ut Frankriek, vun unsen Vadder, un wat dor binn weer, schreev he, dat harr he bi den franzööschen Wiehnachtsmann för sien Jungs bestellt. Gibt es zwei Weihnachtsmänner, fröög mien Broder, einen deutschen und einen französischen? Mudder wuß nich recht, wat se seggen schull, un nück verlegen. Die Franzosen sind aber unsere Feinde! sä ik un bekeek dat Pakeet, miteens mit argdenkern Ogen. Ehrer Mudder antern kunn, stött mien Broder mi an un sä: Laat em doch en Franzoos ween, twee sünd beter as een Wiehnachtsmann! Denn keek he Mudder an, stell fast: Weihnachtsmänner sind nie meine Feinde! un möök nu dat Pakeet ut Frankriek op. Un denn leeg se vör uns, en Isenbahn, en franzöösche Isenbahn,

op de Waggons stunn ›1ᵉʳ classe‹, ›2ᵉ classe‹, ›wagon-
lit‹, un de Bahnhoff hett ›Paris‹ heten.

Man as wi nu den annern Dag mit de Isenbahn spe-
len, kummt uns Naverjung dor över to, Rolfi, de
muß en Brill drägen, wo dat een Oog tobackt weer,
he stött dorüm jümmer maal wat um. Un wo he nu
mitspeelt, smitt he ok glieks de Waggons um.
Schieloog, laat de Fingers vun uns franzöösche
Isenbahn, schimpt wi. Do warrt he giftig, springt
op, grippt in de Kist mit de Buuklötz, brüllt ›Deut-
sche Stukas greifen an!‹ un lett de Buuklötz op den
Bahnhoff vun Paris fallen. De kriggt foorts lütte
Bulen, un Rolfi gröölt »Sieg! Sieg!‹. Do sünd wi op
em daal. He huult un haut af.

Teihn Minuten later steiht sien Mudder, Käthe
Schnoor, bi uns in'n Fluur un fallt över Mudder
her. Wi harrn ehren Jung malträtiert, schafuter se.
Wi wussen gor nich, wat dat is: malträtiert. Un as
Mudder streng fröög: Is dat wohr? do sä ik patzig:
Se lüggt. Wi hebbt em bloots verhaut. De Brill
hebbt jüm em tweibroken, fuuch Käthe Schnoor.
Stimmt dat? fröög Mudder. Wi nücken, un mien
Broder murmel: Krieg is Krieg. Do mussen wi an'
hellichten Dag to Bett un den annern Dag in't
Huus blieven. Hausarrest. Nu sünd wi ok noch
kriegsgefangen, gnurr mien Broder. Rolfi kann sik

op wat gefaat maken, laat uns man eerst wedder frie kamen!

Aver as dat so is, Strieden un Verdrägen wesselt sik af, dree Daag later spelen wi wedder mitenanner. Bloots Rolf sien Mudder bleev gnatzig, sünnerlich uns Mudder harr se op'n Kieker, se kunn ehr nich verknusen. Käthe weer in de Partei, harr dor dat Seggen över de Fruuns un hett in de Stadt bloots ›Käthe mit den scharpen Toon‹ heten, denn dat Föhren, dat leeg ehr in't Bloot, hett se seggt, dorüm weer se ok jümmerloos an't Kummanderen. Dat much Mudder nich lieden. Maal, an Mudder ehren Geburtsdag, kummt Käthe mit'n Blomenstruuß, all anner Naverfruuns sitt al to Kaffee, Käthe nückt ehr knapp mit en ›Heil Hitler‹ to, stellt sik vör Mudder op un seggt mit scharpen Toon, as wenn se en Tagesbefehl rutgifft; Groteleer di, Anni, laat di dat goot gahn! Do hett Mudder sachtmödig antert: Heil, Käthchen, ik dank di ok schöön för de feinen Blomen un dien Wünschen. All hebbt se huchelt und guchelt, Käthe aver hett de Lippen tosamen knepen un hett Mudder dat nich vergeten. Den enen Dag keem se bi ehr un sä: Dien Jungs sünd groot noog, du mußt ehr nich den ganzen Dag oppassen, sodennig kannst du nu ok dien Plicht för den Föhrer doon so as all anner Fruuns ok! De seten in'n Stadtkrog un mussen för dat Winterhilfswark neihen. Goot, hett Mudder antert, denn kaam ik nu ok to neihen. Do hett Käthe ehr veniensch ankeken un hett kattenfründlich seggt: Di hett de Partei för Krabbenpulen vörsehn.

Vun den Dag an legen jeden Namiddag fofftig Pund Krabben op unsen Kökendisch un mussen puult warrn. Oma hett holpen, mennigmaal mussen ok wi mit ran, denn huken wi in de Köök un dachen uns in de Giftigkeit rin, wi wullen je doch spelen un nich för Rolfi sien Mudder Krabben pulen. Wi puult för den Föhrer, hett Oma gnurrt. Hat er das gesagt? hett mien Broder fraagt. Tühnt nich, hett Mudder do seggt, wi puult wegen Käthe Schnoor. Man as mien Broder mi nu tofluster: Rolfi ist wieder dran! schimp Mudder: Laat den Jung in Roh, anners sitt wi hier morgen un mööt hunnert Pund pulen!

Liekers hett Rolfi sien Fett kregen, sotoseggen stellvertretend för de Partei un sien Mudder, dat hett bloots wat länger duurt.

Ostern kregen wi vun unsen Vadder en Pakeet ut Frankriek. Mit Geschenken binnen un Höhnereier, de harr de Osterhaas bi em för sien Jungs aflevert, schreev he. Wat schall dat denn, schüttkopp Mudder, wi hebbt doch sülm Höhner lopen, un de ehr Eier sünd frisch.

Aver se muß nu je de franzööschen Eier koken un op den Osterdisch leggen. Dat harr se man lever nich doon schullt, denn as wi dat eerst Ei de Spitz mit dat Mess afhauen, kemen dor lütte Feddern vörtüüch. As wenn ik mi dat nich dacht heff, hett Mudder schimpt, de Dinger sünd anbröödt! Weg mit ehr! Man ehrer se all Eier ut den Korf sammeln kann, grippt mien Broder sik een un verstickt dat in sien Tasch. Mit düt Ei geiht he op de Straat un töövt op Rolfi. Un as de nu kummt, wiest he em dat Ei, stöhnt un seggt: Du kannst dat hebben, ik heff mi an Eier överfreten. Du mußt dat aver mit een Happs opeten, anners kriggst du dat nich. Do nimmt Rolfi dat Ei, pellt dat, stickt dat in'n Mund, bitt to, wörgt, spiggt ut, starrt op de lütten Feddern un brüllt as unklook. Mien Broder aver strahlt över't ganze Gesicht un röppt: Sieg, Rolfi, Sieg. Du hest en franzöösch Küken dootbeten! Dor hett he denn allerdings ok en düütsch Jackvull vun uns Mudder för kregen, as Käthe bi ehr kamen weer. Wir können uns aber auch nicht alles gefallen lassen, hett de Lütt snuckert. Do hett Mudder dat leed doon, dat se em verjackelt hett, un hett süüfzt: De Tieden sünd dor nich na.

An Hilligavend gung dat to Kark. De weer proppenvull. Wi mussen lehrn, in de Kark dörv en sik nich glieks setten, so as in't Kino, en mutt eerst en lütten Momang in de Bank stahn un na ünnen kieken. So as de annern dat ok maakt, sä Mudder. Was suchen die denn da unten? hett mien Broder fraagt. Die suchen nix, hett Mudder seggt, die beten und sind andächtig. ›Beten‹, dat wussen wi je, wat dat bedüden dee: Lieber Gott, ich bin klein, mein Herz ist rein, soll niemand drin wohnen als Jesus allein. Gelegentlich setten wi allerdings ok maal en annern för Jesus in. Wenn Oma uns Lekkerkraam schenkt harr, achter den söten Snoopkraam weern wi ran as de Düwel achter de Seel, denn klung dat an Avend ut de Betten: Lieber Gott, ich bin klein, soll niemand drin wohnen als meine Oma allein … Wat aver ›andächtig‹ heten schull, dat wussen wi nich. Mudder verkloor uns, denn denkt en an dat, wat en dörch Kopp un Hart geiht. Do dachen wi an de Bescherung, de keem je glieks na de Kark, un wi kunnen de Tiet nich aftöven. Wat de Paster vun Christi Geburt vertell, gung an uns vörbi.

Bloots eenmaal heff ik mitkregen, dat wat in de Kark passeer. Dat weer dat Wiehnachten, wo Paster Mathiessen sik in de Dullheit dacht un predigt hett. Wi harrn dat letzt Leed sungen, ehrer he mit sien Predigt anfangen schull. He steeg de Trepp na de Kanzel rop, stunn baven, sweeg un keek. Gung all Regen mit de Ogen af, en kunn menen, he soch en. Sä denn, un sä dat eerstan noch geruhig: Viele fremde Gesichter. Nanu? hebbt de Lüüd dacht. Woso frömd? He kennt uns doch! Aver Mathiessen sä nu dat tweetmaal: Viele fremde Gesichter. Wiß, sä he, dat een un anner Gesicht worr he kennen, dat seet nich bloots an Hilligavend in de Kark; de mehrsten aver, de harr he hier dat Johr över nich so sehn kregen. Un fung dat Schimpen an. Dat harr nix mit den rechten Gloven to doon, reep he, wenn en an Wiehnachten bloots wegen dat schöön Geföhl to Kark gung. Do verfehr mien Broder sik un fluster Mudder to: Ich hab' aber schöne Gefühle, ich freu mich doch auf die Bescherung! Mathiessen aver weer nich mehr to holen, he versteeg sik, sä giftig, wokeen sunst dat Johr över nich to Kark kamen weer, de kunn dat an Hilligavend man ok laten! Un weer sik enig mit Jesus, de harr all Lüüd ut den Tempel rutsmeten, de dor nich hinhören. Es steht geschrieben, dunner Mathiessen, mein Haus soll ein Bethaus sein! Do gnurr merrn mank all de Lüüd en Stimm: Denn fang du dor nu man mit an, mit dat Beden. Beed man, de Krieg schall ophören. De Lüüd wussen foorts, wokeen dat weer, de dor gnurrt harr: Peter Post. Em harrn se al an' eersten Dag Krieg in Polen

25

dat Been wegschaten. Nu huuk he achtern Pakeet-
schalter. Nix för mi, hett he seggt, ik bün op Lopen
instellt. Dat weer musenstill in de Kark. Mathies-
sen resper sik, he fool de Hannen, as wull he be-
den, nehm ehr wedder uteneen, keek över de Ban-
ken, as soch he Peter mank de Lüüd, keek denn na
baven, möök de Ogen to, sä ›Es begab sich aber zu
der Zeit‹ un heel nu sien Predigt.

In de tokamen Johren mussen wi in de School men-
nigmaal antreden un ›andächtig‹ gedenken, wenn
wedder een vun de Vadders fullen weer. Den enen
Dag hett Rolfi dat drapen, sien Vadder weer den
›Heldentod‹ storven, so hett dat in't Blatt stahn.
Do hebbt wi mit em weent.

So gah ik dörch dat ool Huus mit sien olen Ge-
schichten. Uns Vadders kaamt dor knapp in vör. Se
weern weg. Un as se wedderkemen, vertellen se Ge-
schichten, in de kemen wi nich vör. Wi weern
frömd anenanner worrn. Dat leet sik nich mehr
gootmaken.

Ik stah in unsen Goorn. Buten is dat duuster
worrn. Hier heff ik as Jung de Steerns dörch Vad-
der sien Fernglas bekeken. Un kunn nich begriepen,
wenn Mudder sä: Nu kannst du de Tiet trüch-
kieken. Dat Licht, wat du sühst, dat is millionen

vun Johren oolt, so lang is dat al ünnerwegens. Mach ween, de Steern, vun wo dat kummt, is al lang opbruukt, dat gifft em nich mehr, sien Licht aver kummt jümmer noch bi di an.

So is dat.

Ik sloot de Stalldöör to, sett mi in't Auto, smeet Hans Möller de Slötels in den Breevkasten un bün na Huus fohrt. Wat schall ik dat ool Huus kopen, ik heff dat doch noch.

Den Wiehnachtsmann sien Hütt

Dat wüllt se je all to geern weten, uns lütten Gö-
ren: Wo mag bloots de Wiehnachtsmann wahnen?
In de Wiehnachtsgeschichten, dor steiht je, he
wahnt enerwegens deep int't Holt, in so'n lütte
Hütt, dor klütert he de Geschenken trecht, laadt
ehr op sien Sleden un fohrt ehr ut. Man ik heff as
lütt Jung jümmer dacht: Dat kann je doch nich an-
gahn. Wi wahnt merrn in de Masch, dor is doch
wiet un siet keen Holt to sehn. Un dat mit den
Sleden, dat kann ok nich stimmen. In de vergangen
twee Johren hett dat an Wiehnachten regent, wo
kann he dor mit'n Sleden kamen?

Süh, do sä mien Mudder, un as se dat seggt harr, do
wuß ik miteens, wo de Wiehnachtsmann wahnen
dee: Wenn't regen deit, sä se, denn kummt de
Wiehnachtsmann mit Peer un Wagen.
  Mit Peer un Wagen? fröög ik un worr ganz hidde-
lig. Mudder, denn kummt he je ut'n Koog!

29

Mudder keek mi verbaast an.

Ut'n Koog? Woso dat?

Ja, Mudder, sä ik, mit Peer un Wagen kaamt se doch bloots ut de Köge na uns!

Dat weer je doch de Tiet in' Krieg, do harrn de mehrsten Buurn keen Autos un LKWs. Wenn se to Hanneln na uns lütt Stadt wullen, denn mussen se de Peer anspannen.

Aver, Mudder, sä ik, wenn he nu in' Koog wahnen deit, dor kann doch jeedeen sien lütt Hütt sehn! Se köönt em in de Finstern kieken! Dat geiht je doch nich. He mutt ut de Sicht! Wo mag he denn aver sien Hütt stahn hebben?

Mudder keek nörgeli, dat dee se jümmer, wenn se nich wieder wuß.

Nu gah man spelen, sä se. En mutt nich jümmer allens weten un rutfinnen.

Man ik heff dat doch rutfunnen.

Den enen Dag, do weer ik mit Opa in' Koog, de harr dor wat to doon, un as he mit sien Arbeid trecht weer, sä he: So, nu krabbelt wi noch maal över'n Diek un kiekt uns de See an.

Un do heff ik ehr sehn! En lütte Hütt. Op veer Pahlen stunn se buten in't Vörland.

Opa! reep ik. Dor! Dat is se! Dor wahnt he!

Opa verfehr sik meist.

Wat is dor? fröög he. Wokeen wahnt dor?

Opa, sä ik, den Wiehnachtsmann sien Hütt! Un ik kunn gor nich begriepen, wat Opa sik so dütterig anstell un verklaar em dat: Opa, wenn dat regen deit, denn kummt he je doch mit Peer un Wagen. Un de kaamt bloots ut de Köge. Aver in' Koog hebbt se doch keen Holt, wo he sik so'n beten versteken kann. Un desterwegen is he in't Vörland trocken. Dor kaamt je nich veel Lüüd. Un sien Hütt, de hett he op Pahlen stellt, wat se em nich in de Finstern kieken köönt, wenn dor doch maal en kummt. Dat dörvt en doch nich sehn, wat he klütern deit!

Jungedi! sä Opa. So meenst du dat? Tscha, dat höört sik je ganz vernünftig an.

Opa, sä ik, de Wiehnachtsmann, wenn he al in de Masch wahnen deit, denn warrt he je so vernünftig ween un wahnt dor, wo he ut de Sicht is.

Gegen so'n vernünftigen Wiehnachtsmann kunn un much Opa wull nix seggen.

Weeßt wat, sä he, denn laat uns nu man lever trüch gahn un na Huus fohrn, dat wi em nich to neeg kaamt. He hett ok wiß in düsse Weken vör Wiehnachten en Dutten to klütern.

31

To Huus stöört ik in die Köök un reep: Mudder, wi hebbt den Wiehnachtsmann sien Hütt funnen! He wahnt in't Vörland!

Wat tühnst du dor? sä se.

Nee, mien Deern, sprung Opa mi bi, ik heff dat bitherto ok nich wußt: De Wiehnachtsmann wahnt warraftig in't Vörland. Vun' Kaiser-Willem-Koog. Un dat is ok ganz vernünftig so! sä Opa un knipper so dull mit de Ogen, as weer em dor en Fleeg rinflogen.

Do kreeg ok uns Mudder de Kurv: Denn behool dat man för di, sä se to mi. Anners wüllt all dien Kamraden den Wiehnachtsmann in't Vörland besöken. Dor hett he nu keen Tiet to. Amenn neiht he noch ut.

Tscha, mien kloke Mudder. Ik heff keeneen wat vertellt. Un so kunn denn ok nüms mien Gloven twei maken. Un ik heff dor noch lang an glöövt, an den Wiehnachtsmann sien Hütt in't Vörland.

Zivil

Dor is maal en lütten Jung ween, de kunn nich mehr an den Wiehnachtsmann glöven. Wo kann dat angahn, hett he to sien Mudder seggt, an all Ecken un Kanten steiht en, dat gifft aver doch man bloots een Wiehnachtsmann. Oder hebbt se em kloont? Dat nehm ik nich an, hett sien Mudder antert. Denn sünd de hier ok nich echt! hett de Jung seggt un hett dat Glöven instellt.

Nu aver den enen Dag seggt sien Mudder, se harr to hören kregen, de Wiehnachtsmann weer sprütten-giftig op all de verkehrten Wiehnachtsmänner. Se loopt rum as ik, schall he schafutert hebben, treckt sik mien roden Mantel an, hangt sik en witten Boort ünner de Nees un stevelt mit de Langschäf-ters dörch Straten un Fernsehn. Mit allens dat heff ik nix to kriegen!

Do hett de Wiehnachtsmann sien roden Mantel wegpackt, seggt de Mudder to den lütten Jung, hett sik den witten Boort affitschert un hett de Lang-schäfters in de Eck stellt. Denn aver hett he sik en Jeansbüx herkregen, en Anorak vun'n Haken nahmen un en Pudelmütz över de Ohren trocken.

So löppt he nu langs de Straten.

De lütt Jung süht sien Mudder mit grote Ogen an un flustert: Aver denn kennt em je keeneen mehr. Denn kann dat jedereen ween, de hier löppt? Een vun de, nückt sien Mudder. Do bekickt he sik de Lüüd, sünnerli de Mannslüüd, un murmelt: Er macht das wie die Polizei. Wenn man die nicht erkennen soll, kommen sie als Zivilfahnder. Na ja, meent sien Mudder, en Fahnder is he jüst nich, aver zivil, dat is he. He fallt nich in Kompaniestärke över uns her.

Do fangt de Jung dat Spikeleren an, dat Sinneren un Phantaseren, maalt sik den richtigen Wiehnachtsmann ut, kriggt em nich to sehn un fangt so dat Glöven wedder an.

De Anfang vun de Freud

Ik weet dat noch as hüüt, wenn't op Wiehnachten togung, denn weer ik as lütte Jung so jiddeli, ik worr meist krank. All Ogenblick köter ik bi mien Mudder an. Mudder, bringt de Wiehnachtsmann mi ok dat, wat ik mi wünscht heff?

Tööv dat af, sä Mudder denn.

Hest em mien' Zeddel geven?

Heff ik, sä Mudder.

Ik heff dat in mien allerbest Schrift schreven. Hest dat ok noch mal leest? Ik heff doch nix vergeten?

Nee, nu maak di man keen Sorgen, sä Mudder.

Meenst, wat ik allens kriegen do?

Dat nehm ik nich an, sä Mudder, dat is je doch en Wunschzeddel un keen Bestellzeddel, dor warrt he sik wat vun rutsöken.

Man dat, wat ik ünnerstreken heff, dat is dat Allerwichtigste! Hest em dat ok seggt?

Mudder worr meist möör un sä nun al wat gnegeliger: Dat löppt sik wull allens trecht. Nu laat uns man vun wat anners snacken, dat is je ok noch dree Weken hin.

Man dat holp nix, elkeen Dag keem ik an un fröög: Wenn he mi nu vergitt? Wo ik mi doch so dull wat wünschen do.

Do keek Mudder mi an un sä: Jung, Jung, so kann dat je nich wiedergahn. Dat Wünschen maakt di je krank. Du hest dor je gor keen Freud an.

Wat se dormit seggen wull, heff ik do noch nich begrepen. Man denn keem de Namiddag, do gung Mudder na de Stadt, un ik bleev alleen in't Huus. Se wull na'n Wiehnachtsmann, sä se, dor kunn se mi nich bi bruken. Un do dach ik miteens: Dor is se all tweemal west, un jümmer, wenn se an't Huus kummt, geiht se na baven in de Slaapstuuv un slütt den Klederschrank op. Wat hett se dor to kriegen? Un ik gung al de Trepp hooch, op de Döör vun de Slaapstuuv to, faat den Drücker an, möök de Döör op un stunn vör den groten Klederschrank. De Slötel steek, ik dreih un trock de Schrankdöör op. Dor hungen Vadder sien Antöög un Mudder ehr Kleder, ünnen stunnen de Schöh, man mien Ogen gungen hooch na dat Boord baven de Kleder. Dor legen Bettlakens un Handdöker, allens sauber op Kante stapelt. Un denn weer't, as weer ik in Trance: Ik trock mi en Stohl ran, kledder dor rop, reck mi op de Töhn, lang mit de rechte Hand achter de Handdöker un harr ehr faat; dor legen se, de Paketen. Ik weer as starr. Noch kannst den Schrank wedder tomaken, dach ik, kannst den Stohl wegstellen un na ünnen gahn. Man do trock ik ok al das eerst Pakeet ut den Schrank. Dat weer för mien' Broder, so stunn dat dor op. Ik legg dat an de Kant un lang wedder to. Süßmaal. Do harr ik ehr all buten, dree Paketen für mien' Broder, dree för mi. Ik steeg vun den Stohl, sett mi op den Footborn, kreeg mien Paketen mank de Been, puul de Bindfadens op un wickel ehr ut dat Wiehnachtspapier; mien Geschenken, alles, wat ik mi wünscht harr. Dor leeg dat nu.

Un denn schoot ik in' Dutt, Mudder stunn in de Döör. Se sä en ganz Tiet nix, un denn sä se bloots: Na, freust di nu? un gung na ünnen. Do heff ik de Geschenken wedder inpackt, man ik kreeg dat nich richtig hin, dat Papier knitter, un de Schleufen seten scheev.
  Mudder hett nix seggt, bit Wiehnachten hin nich, un ik ok nich.

Un denn keem de Hilligavend. Wi stunnen vör den Dannenboom, un ik worr ehr foorts wies: dree Paketen, dat Papier knittert un de Schleufen scheev. So legen se dor, jüst so, as ik ehr inwickelt harr. Un nix anners. Ik heff ehr utpackt, man freut heff ik mi nich.

37

Dat mutt Mudder nich licht fullen hebben, man dat hett holpen. Do heff ik dat noch nich seggen kunnt, aver föhlt heff ik dat: To dat Wünschen, dor höört dat Vertruun to, denn dat Vertruun, dat is de Anfang vun de Freud. Mudder hett dat wußt, un ik bün dat gewohr worrn.

Wünschen

Acht Johr is he oolt, de lütt Oliver, un weet nipp un nau, wat he sik to Wiehnachten wünschen deit: en Kassettenrecorder mit Mikrofon. Keen Stück mehr, bloots den Recorder. Jeden Dag fraagt he sien Mudder: Mama, glöövst du, wat ik em krieg? Denn smustert sien Mudder un antert: Ik bün nich de Wiehnachtsmann, ik weet dat nich. Aver he kickt ehr banghaftig an un seggt: Mama, wenn ik den Recorder nich krieg, denn is dat keen richtiget Wiehnachten för mi! Dat mach sien Mudder gor nich so geern hören, aver se fohrt em över't Haar un seggt: In veer Daag weet wi beid mehr.

Dat eerst, wat he mit den Recorder opstellen will, he will en Höörspeel maken. Den Anfang weet he al: Schreed; en Döör fallt in't Slott; en Klock tickt; denn russelt dor wat. Dat schall en Krimi warrn. De Schreed will he in' Keller opnehmen, dor hallt dat so gruselig. Man bit Wiehnachten sünd dat noch veer Daag. Mama, glöövst du …? Aver sien Mudder swiggt.

Un denn is de Recorder dor! Mit Mikrofon! Oliver is reinweg ut de Tüüt. Jümmer wedder röppt he: Danke, Mama! Danke, Papa! As he sik ok bi de Grootöllern bedanken will, do lacht sien Opa un seggt: Du hest je noch gor nich sehn, wat de Wiehnachtsmann di vun uns brocht hett. Warrafftig! Ünnern Dannenboom liegt noch dree Paketen. En Bastelkasten. En Indianerbüx mit Fransen. Veer frische Kassetten för den Recorder. Toll, Oma! röppt he. Un denn huult he af in' Keller mit den Recorder un de Kassetten.

Fief Minuten later is he wedder dor. Schall ik jüm maal den Anfang vörspelen? Dat is en Krimi. He sett den Recorder op den Disch. Jüm mööt ganz liesen ween. Dat fang mit Schreed an. He drückt op de Tast ›Wiedergabe‹. Man vun dat Band kummt keen Toon.

Verbiestert kickt he sien Öllern an. Sien Mudder fraagt: Hest du ok allens richtig drückt? Sien Vadder kriggt sik den Zeddel her, wo steiht, woans en den Recorder in Gang setten schall. Denn leggt sien Opa en anner Kassett in, un se maakt en frische Opnahm. Keen Toon. So geiht dat noch dree-, veermaal. De Recorder seggt nix.

Schaad, seggt Oliver sien Vadder. Na Wiehnachten kriggst du en annern, de hier hett en Fehler. Oliver kickt em groot an: Kann ik bit denn nix opnehmen? fraagt he.
Leider nich.

Do huult de Jung un röppt: Jüm harrn em tovör utproberen mußt! Nu is dat hele Wiehnachten twei! Sien Opa will em trösten: Oliver, du hest je noch den Bastelkasten. Un denn kannst du je ok al opschrieven, wat in dien Höörspeel allens vörkamen schall. Man do kummt de Jung in de Dullheit. Ik will nich basteln! brüllt he. Ik will ok keen Bastelkasten! Ik will nich eerst na Wiehnachten mien Höörspeel opnehmen. Ik will dat nu! Un nimmt miteens den Recorder in beide Hannen un smitt em op de Eer. Ik will keen Wiehnachten mehr hebben! schriggt he un löppt ruut.

De groten Lüüt sitt as starr. Op den Footborn liggt de Recorder. Twei.

Nix schenken

Wenn du mi fragen worrst, sä Fiete Hansen, wat höört för di to Wiehnachten dorto, denn worr ik antern: 'n Wiehnachtsboom, ›Stille Nacht, heilige Nacht‹ un de Snack vun mien Fruu: Düt Johr schenkt wi uns aver nix! Un Fiete vertell:

An 1. Advent geiht dat loos, sä he. Wi sitt to Kaffee, brunen Koken un Kerze. Denn fangt mien Fruu an:
  Also Fiete, düt Johr schenkt wi uns nix!
  Goot, segg ik.
  Wi hebbt doch allens, seggt se.
  So is dat, anter ik.
  Wat schüllt wi uns quälen.
  Du seggst dat, nück ik.
  So drinkt wi unsen Kaffee, eet brunen Koken, puust de Kerz ut un sünd uns enig.

An 2. Advent, wi sitt to Kaffee, brunen Koken un twee Kerzen, seggt mien Fruu:

Dat blifft dorbi, du schenkst mi nix.

Rein nix, brumm ik.

Denn schenk ik di ok nix, murmelt se.

So as wi dat afmaakt hebbt, kiek ik ehr an.

Un wi drinkt unsen Kaffee, eet brunen Koken un puust twee Kerzen ut.

An 3. Advent, Kaffee, brunen Koken, dree Kerzen, kickt mien Fruu mi argdenkern an:

Ik will dor nich sitten, heff nix, un du schenkst mi wat.

Keen Gedanke, roop ik, du kriggst nix!

Also nix? Liekers wi Wiehnachten hebbt?

Jüst dorum, segg ik.

Na schöön, antert se, drinkt ehren Kaffee, itt den Koken un puust dree Kerzen ut.

Den Dag vör Hilligavend kummt mien Frru mi en beten to vergnöögt vör.

Du weeßt, wat wi afmaakt hebbt, segg ik. Schenkt warrt nix.

Weet ik, antert se.

Ik do dat nich, un du deist dat ok nich, segg ik un kiek ehr scharp an.

So ist dat, antert se, wi beiden schenkt uns nix,

Fiete, wat allerdings de Wiehnachtsmann deit, dat weet ik nich …

Süh, lach Fiete, denn suus ik loos, as jeedeen Johr, un koop op'n letzten Drücker en Geschenk. Dat neegst Johr aver, seggt mien Fruu, wüllt wi uns ganz gewiß nix schenken.

Blaulila Schaddens

Nu dat op Wiehnachten togeiht, süüfz Peter Timm, dor fleegt mi de Hunnertmarkschiens man so ut de Tasch. Ik seh jümmer bloots noch so blaulila Schaddens achter mi.

So'n Schaddens worr ik ok geern sehn, sä Hermann Öhlerich, man ik heff nich so veel Schiens, de dor wegflegen köönt.

Ik ok nich, grien Peter, aver du weeßt je: Kredit is beter as Geld. Ik övertreck. Wenn ik op de swatten Tallen op mien Kontoblatt töven schull, denn kunn ik lang luurn. Un wenn dor würkli maal wat op Swatt steiht, denn is dat en Tall, so lüürlütt, kannst trurig över warrn.

Tscha, sä do Korl Denker, vör veerdi Johr weerst du dor bi de Kassen nich mit dörchkamen, mit dat Övertrecken. Do gung dat noch na dat Motto: Wo en keen Geld för hett, dat kann en sik ok nich leisten. Eerst warrt spaart, denn warrt utgeven. Ik weet noch as hüüt, vertell he, ik weer Student, un

47

mien Olen överwies mi jede Maand 150 Mark. Dor
bün ik natüürli nie mit utkamen. An' 25ten vun de
Maand weer ik pleite. Un do heff ik maal dacht, gah
man na de Spaarkass, wat se di amenn en lütten
Vörschuß geven doot.

Mi bibbern de Knee al, as ik op den Kontoföhrer
togung.
    Bitte? sä he.
    Ich möchte 25 Mark abheben, sä ik un dee, as
wenn dat Nix weer.
    He trock mien Kontoblatt, keek dorop un steek
dat foorts wedder weg.
    Überzogen! gnurr he.
    Wat? reep ik un keek hooch op, as kunn dat gor
nich angahn.
    Um fief Mark! sä he.
    Ah! Fief Mark? Dat is je doch nich veel! anter ik.
    Do keek he mi scharp an un reken mi vör: De fief
Mark un de fiefuntwintig, de dor tokamen schüllt,
dat sünd al dörtig! Dörtig Mark vun eenhunnert-
foftig, dat sünd twintig Perzent. Un twintig Per-
zent, dat sünd keen Klackerschulden mehr!
    Ja, un nu? fröög ik. Wat schall ik denn nu maken?
Mien Geld is je doch all?
    Do böög he sik na mi röver un sä: Wenn der
Schneider kein Geld mehr hat, dann muß er wieder
nähen!

Do heff ik mi en' Job söcht, sä Korl.

Gottloff! lach Peter Timm. De Tieden hebbt wi achter uns. Nee, ik övertreck. Dispositionskredit? Sowat seh ik nich as Schulden an. För mi is dat mehr so'n Oort Teamwork. De Kass un ik, Hand in Hand sorgt wi för mien Karola ehr Wiehnachtsgeschenken. Un för mien Karola, laat ik mi nich lumpen, dor hool ik op mi.

Denn back man en Zeddel an ehr Paketen, wo opsteiht, wokeen ehr se schenkt hett, sä Hermann Öhlerich. Kannst je schrieven: Für dich von uns. Dein Peter und seine Sparkasse. Sett man noch to: Ich hab' ausgesucht; sie hat bezahlt. Fröhliche Weihnachten!

Kannst di aver ok, sä Korl Denker, na den Snack vun mien Oma richten. Op sik holen, sä de jümmer, kost keen Geld. Dat kann en ok so. Bloots mien Opa, de sung, wenn Oma Geld vun em wull:

> Hoppdihopp
> mien Geld is op!
> Wo krieg ik nu wat wedder?
> Ik slaa den Schoster doot
> un verkoop dat Ledder!

Ik meen, sotoseggen is Övertrecken denn je doch so wat as en mildtätigen Fortschritt. Wenn dat natüürli ok wohr blifft, wat Oma sä: Wo Geld is, is de Düvel eenmaal; wo nix is, is he tweemaal.

Wenn Unkel hunnert is

Unkel Jehann is unsen Erbunkel. Bitherto hebbt wi dacht, anners is dor nüms mehr, de Anspruch op sien Huus un Geld anmellen kann. Bloots mien Swester Lene un ik. Wi sorgt ok för Unkel. As Tante storv, hebbt wi seggt: Unkel, du kannst bi uns wahnen.

Bi mi! hett Lene seggt.

Oder bi uns! heff ik seggt.

Do hett Unkel seggt, he will in dat Augustinum wahnen. Un is dor ok introcken. Dat süht em liek, hett Lene seggt, dat düürste Seniorenheim is jüst goot noog för em.

Unkel seggt, he will 85 warrn, dat langt em. Denn översleit Lene: Wenn Unkel 85 is, is se 54 un ehr Mann 59. Ik bün denn 56, un mien Fruu warrt 49. So hebbt wi noch en schöön Stück Leven vör uns. Momentan is Unkel 74.

An Sünndag kummt Unkel bi uns to Middag. Um-
schichtig. Maal itt he bi Lene, maal bi uns.

Ok an Wiehnachten kummt Unkel umschichtig.
An Hilligavend hoolt wi em af to Kark, denn sitt he
in de eerst Reeg mank mi un Lene. Wenn dat in de
Wiehnachtsgeschicht heet: ›Denn sie hatten sonst
keinen Raum in der Herberge‹, drückt wi Unkel
sachen de Hand un flustert: Bi uns is jümmer en
Ruum för di frie. Maal hett Unkel trüchflustert:
Fürchtet euch nicht. Dat hett Lene för unpassend
ansehn.

Eenmaal de Week gaht wi na Unkel in dat Augusti-
num un fraagt, wat he nödig hett; denn koopt wi
för em in. Umschichtig. Maal mien Fruu, maal
Lene. Schöön, seggt Unkel, jüm laat mi nich ut de
Ogen.

So weer allens regelt.

Nu aver hett Unkel anropen. He wull uns inladen.
To Kaffee un Koken. An drüdden Advent. Un harr
uns ok wat to seggen. Eine Überraschung, hett he
seggt.

Wat hett he vör, hett Lene mi fraagt, wi sünd doch
noch nie nich bi em to Kaffee un Koken inlaadt

ween. Wi hebbt spikeleert, kunnen uns aver keen Vers op Unkel sien Inladen maken. Man as wi in't Auto sitt un fohrt na Unkel, do röppt Lene miteens: Dat ik dor nich op kamen bün! He will överdregen! Übertragen des Erbes zu Lebzeiten! So spaart wi de Erbschaftsstüürn! Ah, wat is he doch för'n Feinen! Dat is sien Överraschung!

Dat weer se aver nich. Unkel sien Överraschung seet bi em op dat Sofa un hett Alwine Albers heten, en Wittfruu, 70 Johr oolt, de wahn blangen Unkel in dat Augustinum.
  Gestern noch meine Verlobte, stell Unkel ehr vör, heute meine Frau. Wi hebbt heiraadt!
  In aller Stille, nück Alwine.
  Spontan! sä Unkel.
  Aus Liebe, sä Alwine.
  Alwine is nu Familie, sä Unkel.
  Ik freu mi so, sä Alwine.
  Do sacken Lene de Been weg, ehr worr swiemelig, un se muß sik setten. Unkel aver möök en Buddel Sekt op un sä, wi schullen op em un Alwine anstöten un nu ok ›du‹ do Alwine seggen. Wi hebbt aver bloots ›proost‹ seggt.

Denn hett Alwine Kaffee un Koken op den Disch kregen, Unkel hett Cognac spendeert un hett ropen, Alwine un he, se wullen beid noch maal so richtig losleggen, un he wull nu ok 100 warrn! Ok dat noch! hett Lene süüfzt un hett in Kopp rekent: Wenn Unkel 100 is, is se … Denn aver hett se seggt, dat Alwine mit Unkel bi ehr an Hilligavend inlaadt weer, denn düt Johr weer Lene mit Unkel an de Reeg. Aver Unkel hett seggt, Alwine un he, se wullen al den annern Dag na Fuerteventura flegen. Hochzeitsreise! hett Unkel seggt.

Weihnachten unter Palmen, hett Alwine nückt.

Alwine hett dor ehr egen lütt Appartement, hett Unkel seggt. Un he wull nu ok maal an Hilligavend, wenn wi hier sitt und freert, in den Atlantik swimmen, achterna Scampi eten un Sekt drinken. Dor harr Alwine vun swöögt.

Do sünd wi denn ok bald na Huus fohrt.

Lene hett jümmerto huult. Dat löppt för uns op dat Plichdeel op ruut, hett se snuckert. Aver ik heff dat je jümmer seggt: Seniorenheim is Risikoheim. Vun den Dag an fung Lene dat Gruveln an.

Un as wi an Hilligavend in de Kark sitt, de Paster leest de Wiehnachtsgeschicht, un wo he dor seggt: Es begab sich aber zu der Zeit, daß ein Gebot von dem Kaiser Augustus ausging, daß alle Welt geschätzt würde, do böögt sik Lene na mi röver un flustert: Wat meenst du, op woveel en Alwine schätzen mutt? Wenn se sik en Appartement op

Fuerteventura leisten kann, hett se womööglich Klei ünner de Fööt. Un as ik ehr verwunnert ankiek, seggt se: Dat mutt je nich Unkel ween, de malins as de eerst geiht. Dat kann ok ehr drepen. Denn fallt allens em to. Kann he noch swimmen, is he ok noch taag, seggt se un höört nu wedder de Wiehnachtsgeschicht to.

Ik denk allerdings, sülm wenn dat maal so kamen schull, wokeen weet, wat Unkel denn wedder infallt. Lene aver hett in de Kark al recht wat lichter sungen: Oh du fröhliche, oh du selige, gnadenbringende Weihnachtszeit.

So as jeedeen Johr

Mutt allens sien Ordnung hebben, seggt Willy
Meyn jümmer, ahn Ordnung geiht de Welt to-
grunn, un maakt sik as jeedeen Johr veer Daag vör
Wiehnachten op den Weg na Ernst Uken. De
is Fischhändler un verkofft Willy nu al siet över
twintig Johr den Wiehnachtskarpen. Hilligavend
ahn Karpen kann Willy sik nich vörstellen. As
sien Fruu Frieda vör twee Johr maal klaagt hett,
se kunn de fetten Fisch mit de Gall nich mehr af,
wat se nich op'n Rindsbraden övergahn kunnen,
do hett Willy verbiestert stamert: Aver, Frieda, ik
beed di, Hilligavend, dat is en Datum, Christi
Geburt, dat is keen Dag för'n Rindsbraden!
Rindsbraden kann en dat ganz Johr över hebben,
aver to Hilligavend höört en christlichen Fisch to,
un dat is nu maal de Karpen, op dat Datum leevt
he to, dor schall en Respekt vör hebben un em
denn ok vertehren! Nee, mien Frieda, hett Wil-
ly seggt, mutt allens sien Ordnung hebben, ahn

Ordnung geiht de Welt togrunn. Dat hett Frieda insehn.

Vun den Dag an muß Ernst Uken twee grote Karpens för Willy ut dat Bassin fischen un en lütten för Frieda. Un steiht dor ok hüüt wedder mit Willy, kriggt sik den Käscher her, angelt de dree Fisch, höllt ehr Willy hin un seggt: Kiek di ehr an, Willy, fast in't Fleesch, rüük nich na Mutt un nix, de Anblick is je al en Delikatesse! Willy nückt: Ik kann ehr al smecken, seggt he un kriggt leckerfritzige Ogen. So geiht dat Johr um Johr.

Den annern Dag geiht Willy na Emil Scholz. As jeedeen Johr. Bi Emil kofft he den Dannenboom. Un Emil röppt denn as jümmer: Ik heff di al en trüchleggt, eenmeterfiefunachtzig hooch, genau richtig för dien Stuuv, ünnen rund un vull, baven rank un slank. Eine Schönheit, Willy, seggt Emil, meist so smuck as uns Fruuns, bloots dat de ok baven rum rund un vull sünd. Denn lacht Willy un seggt: Dat is ok man goot so, ole Knaken wüllt week leggen. Un treckt mit sien Dannenboom af, sett em op'n Foot un Frieda mutt em smuck maken. So as jeedeen Johr.

Den Dag vör Wiehnachten maakt Willy buten um dat Huus noch eenmal allens schier, fegt un harkt.

Wenn Snee liggt, schüffelt he den Weg na den Asch-
ammer frie, de warrt je över de Festdaag veel bruukt.

An Hilligavend gifft dat to Middag Knackwust mit
Kantüffelsalaat. An un för sik warrt Willy dor nich
vun satt, aver he seggt: Wenn de Muus satt is,
smeckt dat Mehl bitter. Dat will ik den Karpen
vunavend nich andoon.

Na dat Eten geiht Willy in de Waschköök, grippt
sik de Karpens in de Wann, packt ehr op den Kö-
kendisch un slacht ehr. Dat Leven, dat mutt dor bit
to'n letzten Ogenblick insitten, seggt he, denn
hebbt se den besten Smack. Un övergifft de doden
Karpens Frieda, de nimmt ehr ut, präpareert ehr,
un Willy seggt: De Countdown löppt!

Bescherung is na dat Festeten an Avend. Wat seggt
Willy jümmer: Ein Karpfen, seggt he, un he seggt
dat op hooch, ein Karpfen verlangt Konzentration
in Zubereitung und Verzehr. Dor schall en sik
dörch nix vun aflenken laten. Nehmt wi maal an,
hett he to Frieda seggt, de Bescherung liggt vör dat
Eten, un nehmt wi maal an, ik schenk di wat, wat du
nich lieden magst, du argerst di, steihst naher in de
Köök un lettst den Arger womööglich an den Kar-
pen ut. Dat hett he nich verdeent. Eerst warrt eten,
denn warrt schenkt. So hett ok dat sien Ordnung.

Bit vör veer Johr sünd Willy un Frieda an Hillig-avend noch to Kark gahn. Wenn de Klock op dree togung, trock Willy sik den swatten Antog an, Frieda hett em en frisch Hemd, de Krawatt un niege Strümp op dat Bett leggt, hett sik sülm fein maakt. Klock halvig veer hett Willy dat Auto ut de Garaasch hoolt, un se sünd to Kark fohrt. Wenn en in de eerst Reeg sitten will, un dat wull Willy, denn muß en 'n Stuun tovör dor ween. Un wenn se denn in de eerst Reeg seten, de Orgel insett, de Chor sung, denn hett Willy de Ogen tomaakt un is sien Gedanken nagahn, hett dacht, wo schöön ok düt Johr allens klappt hett mit Ernst Uken sien Fisch un Emil Scholz sien Dannenboom, Huus un Köök, allens as dat ween schall; un denkt, wat schall he bloots maken, wenn Ernst Uken oder Emil Scholz maal nich mehr sünd; warrt munkelt, Ernst will sien Geschäft opgeven; un Emil sien Jung pett ok al vun een Been op dat annere un töövt, dat de Ool afgifft. Wo schall he denn de Karpens un den Boom kopen? Wat weet Emil sien Jung vun de Schönheit af? Un wokeen warrt maal ropen: Kiek di de Fisch an, Willy, fast in't Fleesch, rüükt nich na Mutt un nix. De Anblick is al en Delikatesse? Un Willy grippt na de Hand vun Frieda. Wat is Glück? denkt he un drückt ehr sachen, un Frieda drückt trüch. Dat is Glück, denkt he, se is dor, ik bün dor, wi doot uns nix, hett allens sien Ordnung funnen. Un nu fangt de ool Paster Hansen an un vertellt de Wiehnachtsgeschicht, wo dat Kind dor in de Krüff liggt un de Harders op dat Feld sik op den Weg na den Stall maakt un ok de Hilligen Dree Könige, un liggt över allens de Freud un de Freden. Un Willy denkt, de ool Hansen geiht nu ok bald in Pension, denn hett he den Quälkraam mit de lerrige Kark an de annern Daag in't Johr achter sik, hett bloots noch sien Herrgott, de is em Roh, Freud un Freden.

So seet he dor, in de Kark, Johr um Johr, höör de Musik to, den Paster, sung, wenn de Gemeen to singen harr. Un denn is Hansen weg, in Rente, en niegen Paster steiht op de Kanzel. Un Willy, wo he dor so sitt un denkt an Ernst Uken un Emil Scholz un drückt sien Frieda sachen de Hand un is glücklich, do höört he, wo de Paster seggt, de lütt Jung, de dor in de Hillige Nacht op de Welt kamen weer, dat weer je laterhin recht en opsternatschen Kerl worrn, harr seggt, wat en nich seggen schall, harr doon, wat en nich doon schall, to de Tiet, harr sik opfällig maakt un de Welt op den Kopp stellt. Dor harrn se em denn je ok an't Krüüz för nagelt. Denn sowat mach de Welt nich, wenn se op den Kopp stellt warrt.

Aber die Liebe, hett de Paster seggt, ist eine revolutionäre Kraft, un de lütt Jung, de dor in Bethlehem born weer, dat weer en Revolutionär ween. So as sien Vadder in Heven ok, de harr je ok maal allens op den Kopp stellt un harr ut dat Nix de Welt maakt. Wenn dat keen Revolution weer, wat schull denn noch en ween! Do hett Willy naher, as se na Huus fohrt sünd, in't Auto to Frieda seggt: Unsen olen Paster kriegt wi nich wedder, den niegen laat uns man inskünftig utfallen laten. Ik will mi an Hilligavend nich argern.

Nu, wenn Karkentiet is an Hilligavend, sitt Willy mit Frieda in de Stuuv, Frieda hett en schöön Tass Kaffee kookt, brunen Koken op den Disch stellt, un Willy kriggt sik sien Zigarrenkist her, nimmt mit vörsichtige Fingers een vun sien besten Zigarren ut de Kist, lööst de Buukbinn sachen af, sett den Zigarrensnieder mit Bedacht an, snitt to, lickt dat Enn vun de Zigarr rundum sinnig af, puult sik en Tobakkrömel vun de Lipp, seggt to Frieda ›Fidibus‹, un Frieda brennt em den Fidibus an, denn en Zigarr, seggt Willy, is utschännt, wenn en ehr mit en Rietsticken in de Gang setten will. En gude Zigarr, seggt Willy, verlangt Respekt, un dat heet, se verlangt en Fidibus. Un Willy höllt de Flamm vun den Fidibus ünner de Zigarr, dreiht de Zigarr, dat se vun all Sieden de richtige Warms kriggt un aten kann. Denn puust he dat Füür vun den Fidibus ut, leggt dat sengelt Stück Holt in den Aschenbeker, lickt sik de Lippen, wat de natt sünd, dreiht de Zigarr noch eenmaal mank de natten Lippen, treckt, maakt de Ogen to, höllt den Rook fast un lett em sanft un innig wedder frie, blaast em sachen in de Luft. Denn kickt he op de Klock, un Frieda seggt: Ik gah nu in de Köök, smöök du man dien Zigarr. Do dat, mien Frieda, seggt Willy denn, do dat, maakt de Ogen to, süht den Karpen vör sik un süüfzt deep un tofreden: Wiehnachten!

Dackdeckers

Dor sünd maal twee Bröder ween, de een is Dackdecker worrn, de anner Paster. Un beid kemen se goot vöran. De Dackdecker studeer bavento op Architekt un buu feine Hüüs; de anner funn jümmer de rechten Wöör för Lüüd un Kark, dat duur nich lang, do weer he Bischop.

Nu aver den enen Dag fallt de Bischop vun'n Gloven af. Eerstan kriggt he dat nich mit, em is so dösig in'n Kopp, he kraamt in all sien Böker un Wöör, kummt em allens so wiet weg vör, do markt he, em is de Herrgott verloren gahn. He fangt dat Söken an, wo he em över verloren hett, kann aver nix finnen.

Do vertellt he dat sien Broder un seggt, he mutt nu de Kark verlaten un kann nich mehr Bischop ween. Oha, seggt sien Broder, dat is aver en Jammer um de Lüüd un de Kark, wo du doch so fein de Wöör bruken kannst, dat se dor all ehr Hölp un Freud an hebbt! Aver he kann je nich mehr glöven, seggt de Bischop. Dat deit ok nich nödig, antert sien Broder, de Hauptsaak, du buust de Lüüd en Dack över'n Kopp, dat se sik schuurn köönt.

Do is de Bischop Bischop bleven.

So fiert wi Wiehnachten

Wi köönt dor nu al länger Johren op töven, so wiß
as de Paster an Hilligavend vun de Harders op dat
Feld vertellt un vun de Engels, de ehr seggt, se
schüllt keen Bang hebben, de Herr weer born, so
wiß vertellt Opa an Hilligavend de Geschicht, wo
he as junge Mann meist maal versapen weer. An 24.
Dezember, namiddags Klock dree, in de Kuhl op
Hermann Sievers sien Weid. Dor harr he Striet-
schoh lopen wullt un weer miteens dörch dat Is
broken. Bit an'n Hals harr he in de Kuhl steken.
Mit en Tau harrn se em Zentimeter för Zentimeter
op dat Is un an Land trocken. Werner Hansen harr
dat Tau tofällig bi sik hatt. Wenn dat nich ween
weer, seggt Opa, denn weer ik versapen. Sien
Bruut, seggt he, de harr em fix wat utschimpt, se
wullen je an Sylvester heiraden. Na ja, seggt Opa,
wenn ik versapen weer, harr se Otto Holler neh-
men kunnt, de weer je ok achter ehr ran. Oma
seggt denn jümmer: Rudolf, vertell wat anners, wi

67

kennt de Geschicht. Un striekelt em de Hand. Aver Opa fraagt: Harrst du em nahmen, oder harrst du em nich nahmen? Wo is Otto överhaupt? Ik heff em lang nich sehn.

De is doot, seggt Oma, du hest em mit to Graff brocht.

Opa kickt verwunnert: Wannehr weer dat denn?

Vör fief Johr, seggt Oma.

Weer he denn al so oolt?

75 is he worrn, seggt Oma.

Un wo oolt bün ik?

Du warrst 78.

Denn is dat je man goot, seggt Opa, du hest mi nahmen, anners weerst du nu al Wittfruu.

So ist dat, seggt Oma un gifft em en Söten. Dat mach he lieden. Denn smustert he. Noch maal, seggt he, un Oma mutt em noch en Söten geven.

Mien Fruu driggt dat Eten op. Goosbraden. Fröher hett dat Karpen geven, aver Oma un Opa köönt de Graden nich mehr recht sehn. Ik schenk den Wien in, nehm dat Glas, nück de beiden Olen to un segg: Fein, jüm sünd dor. Frohe Wiehnachten!

Opa vertellt, als junge Mann weer he op den Danz-saal jümmer een vun de letzten ween, de duhn worrn is. He harr fix wat afkunnt. Aver he harr je ok, ehrer dat Supen loosgung, tovör jümmer en

Doos Öölsardinen freten. Op Ööl kann veel stahn, seggt Opa.

Oma nimmt Opa sien Hannen un föhrt em dat Meß un de Gavel. Nu eet man, seggt se. Un Opa itt.

Mien Fruu vertellt, se kann in dat Krankenhuus för en Swester inspringen, de schall en Kind kriegen. Mien Fruu hett op Swester lehrt, is nu aver al länger an't Huus.

Vun dat Geld wüllt wi uns en niege Köök kopen, seggt se.

Hest du dat höört, fraagt Oma Opa, Elisabeth geiht för'n Tiet wedder arbeiden, un vun dat Geld koopt se sik en frische Köök.

Na, seggt Opa. Un vertellt nu vun Werner Hansen. Wenn de nich so gau en Tau to Hand hatt harr, denn weer ik versapen, seggt Opa. Un du harrst Otto Holler nehmen kunnt. Wo is de egentli afbleven?

He is storven, seggt Oma. Schall ik di noch en Kühl vun de Goos afsnieden? Opa nückt, un wi eet.

Na dat Eten leggt Opa sik för'n Stoot op dat Sofa. Oma un mien Fruu maakt de Köök schier un sett den Kaffee op. Ik schenk mi en Cognac in. Wullt du ok en hebben? fraag ik Opa. He nückt. Ik schenk em in. He nippt, schüddelt sik. De treckt hin, seggt Opa. He druselt in. Ik lees Zeitung. Mien Fruu deckt den Kaffeedisch.

Oma treckt ehr Schöh ut un seggt, se mutt de Been maal hoochleggen. Denn fallt ok ehr de Ogen to, un se slöppt en lütt halv Stunn.

Nadem gifft dat Kaffee un Koken. Opa vertellt, wo he in de Kark, as de Paster em fraagt harr, wat he Anna Husmann heiraden wull, wo he dor so dull dat Hosten anfungen harr, Anna harr em op den Rüch kloppen muß, so dull harr he sik op de Weid in de Kuhl verköhlt hatt, un de Paster harr em en tweetmaal fragen muß. Un as de Paster seggt harr ›Bis der Tod euch scheidet‹, do harr he to Anna seggt: Wo ik nu nich versapen bün, laat den Dood man töven, nu will ik di lang geneten!

Un fraagt miteens, wo sien Fruu is, un wat de Dannboom dor schall, aver Oma seggt: Tühn nich, Rudolf, ik sitt blangen di, un wi hebbt Wiehnachten. Wiehnachten? seggt Opa, besinnt sik un vertellt, wo he maal an Wiehnachten in de Kuhl op Hermann Sievers sien Weid meisto versapen weer, as junge Mann, jüst an Hilligavend, Klock dree, dat weet he noch nipp und nau.

De Dokter hett to Oma seggt, wenn dat nich mehr geiht mit Opa, de steiht nu je al maal merrn in de Nacht op un will spazeren gahn, wenn se em nich mehr höden kann, denn will he för Opa en Heim söken. Un he hett ok seggt, dat kann kamen un Oma warrt bang för Opa. Aver Oma hett antert, se hett keen Bang, se will bi Opa blieven. Mien Fruu un ik weet aver nich, wo lang as dat noch geiht.

Noch sitt Opa dor. He vertellt, wo natt un koolt he ut dat Water kamen weer un dat sien Büx stieffroren ween weer, as he an't Huus kamen weer.

Ik harr dootfreren kunnt, seggt he. Du harrst mi man foorts in dien Bett laten schullt, seggt Opa to Oma, denn harr ik mi warmen kunnt.

Un Oma seggt: Rudolf, wi weern verlobt, dat hett sik nich schickt.

Sünd wi jümmer noch verlobt? fraagt Opa.

Nee, lacht Oma, nu sünd wi verheiraadt.

Denn kannst du mi nu je warmen, seggt Opa.

Dat do ik, seggt Oma un drückt em en Söten op.

Noch een, seggt Opa.

Un he kriggt den tweten.

So fiert wi Wiehnachten.

De Popp

Se weer to laat kamen, ehr Mudder weer al doot. Den tweten Slag hett se nich överstahn, sä de Dokter un broch ehr na de Dodenstuuv vun't Krankenhuus. Se leet ehr Ogen langsam över de Dode gahn, so lang harr se ehr Mudder noch nie ankieken kunnt, de harr wiß al lang seggt hatt: Deern, wat kickst du!

Later an' Dag gung se dörch de ool Wahnung. Op den Kökendisch leeg en Zeddel, ehr Mudder harr opschreven, wat se inkopen wull. Bavenan stunn: Was fehlt? Fehlt hett nie nich wat, dach se, ehr Mudder harr dat Huus in' Griff. In de Wahnstuuv bleev se vör de beiden Sessels an't Finster stahn, op den linken harr ehr Vadder jümmer seten. De weer nu ok al lang doot. Op den lütten Disch mank de Sessels stunn en Kaffeetass, de Kaffeekann noch vull. Um de Tiet mutt ehr dat drapen hebben. Wat möögt se sik vertellt hebben, wenn se hier seten?

73

dach se. Se wull sik dor rindenken, kunn dat aver nich.

Se bekeek de annern Stuven un sehg miteens de Popp, de ool Käthe-Kruse-Popp. De seet in ehr best Kleed as jümmer mank de Wienglöös in de Vitrine. Se haal ehr vörsichtig ruut, heel ehr vör sik hin, nehm ehr in de Arms, weeg ehr, striekel ehr över't Haar, ei ehr de Backen un sung liesen: Pöppchen, Pöppchen danze … Dorbi gung se de Stuven op un daal, bleev vör de olen Fotos stahn, ehr Mudder, ehr Vadder, se sülm as Kinnergoorndeern, Schoolkind, Studentin, un drück jümmerto de Popp an ehr Bost.

In de Köök keem se to sitten, sett de Popp vör sik op den Kökendisch un keek ehr lang an. Se höör ehr Mudder wedder swögen: De is för di, vun' Wiehnachsmann, is se nich en Smucke, se heet Pöppedeiken un is en Prinzessin. Aver se harr ehr doch sülm en Naam geven wullt. Denn sehg se sik wedder op dat Sofa sitten, in dat rode Kleed, wat Mama ehr neiht harr, un de Popp harr jüst so en kregen, so seten se dor as lütt un groot Süster, un Mama lees Märken vör. As dat Bettied weer, sett Mama de Popp in de Vitrine. So stufft dat niege Kleed nich foorts in! sä se. Siet de Tied seet de Popp veel in de Vitrine. Ik stuff ok in un mutt ok in

de Vitrine, hett se do to ehr Mama seggt. Se wull je
mit de Popp spelen.

Wat kunn ehr Mama schöön singen, sünnerli wenn
se de Popp dorto danzen leet:

> Pöppchen, Pöppchen danze,
> schaßt hebben ok en Peerd!
> Nee, nee, nee, seggt Pöppchen,
> ik heff keen Danzen lehrt.
> Pöppchen, Pöppchen danze,
> schaßt hebben ok enen Mann!
> Ja, ja, ja, seggt Pöppchen,
> denn danz ik, wat ik kann.

Un Mama harr lacht: Wenn du groot büst, denn
geihst du ok to Danzschool un bringst neuß en
feinen Kavalier mit na Huus. Aver fein mutt he
ween, denn wi sünd je doch en ganze feine Käthe-
Kruse-Popp! Man se harr antert, se wull lever so'n
Mann as ehr Papa en weer; aver den hett se gor
nich recht kennt hatt, de weer al lang in' Krieg un
schull de Russen opholen. Liekers, se drööm sik
ehren Papa.

Un den enen Dag stunn de junge Russ vör de Döör
un kummandeer, ehr Mama un se mussen ut dat
Huus ruut, he wull dor nu mit sien Fruu in wah-
nen. Un de stunn ok al in de Döör. Do mussen se

75

in'n Draff packen. Miteens aver kreeg de junge Russenfruu de Popp to sehn un haal ehr ut de Vitrine. Ehr Mama un se, se sünd beid witt worrn vör Bang. Do fluster Mama: Gah hin un segg, dat is dien Popp. Un se sehg sik wedder vör de Fruu stahn, mit de Arms na de Popp langen, aver de Fruu heel ehr över'n Kopp un sä, dat weer nu ehr Popp. Do gung se mit ehr lütten Füüst op de Fruu daal, se wull ehr Popp hebben. Dat hett aver nix holpen, de Fruu hett ehr wat lacht. Do hett de Mann, de Russ, sien Fruu en Backs geven, hett de Popp nahmen un hett ehr de Lütt in de Hannen drückt. Do hett se wußt, so'n Mann, so en as de Russ, so'n wull se laterhin maal hebben, denn de weer as ehr Vadder en weer, de harr ehr de Popp förwiß ok wedderhaalt. Aver ehr Vadder seet in Sibirien fast un kunn nich hölpen.

Man as he wedder dor is un sitt in sien Sessel vör't Finster; un as se ut' Huus treckt, se hett nu ehr eerst Arbeidssteed, un packt ehr Saken un steiht vör de Vitrine un seggt: Mien Popp nehm ik mit! un as do ehr Mudder stamert: Laat ehr mi! do seggt ehr Vadder: Wenn Mudder dat wünschen deit, denn blifft de Popp hier! Wat wullt du dor ok hüüt noch mit? do weet se dat miteens, ehr Papa is nie nich en Russ ween, un so en Mann will se nich hebben! Un hett keen Papa un keen Mann, un keen Russ is dor, se mutt alleen ut' Huus. Sitt nu wedder in de ool Köök mit de ool Popp vör sik, nimmt ehr, stellt ehr in de Vitrine, slütt to un gifft den annern Dag Order, de hele Kraam kann verkofft warrn.

Sylvester live

Wat is mit di loos? sä ik to Fiete Jehannsen. Du sühst je so bedrüppelt ut? Un dat an' letzten Dag in't Johr?

Gah mi af mit düssen letzten Dag, gnurr Fiete, dor heff ik mien Last mit. Wenn ik Klock teihn nich to Puuch kaam, denn bün ik den annern Dag mööd un nörgeli. Elkeen Johr segg ik to mien Fruu: Erna, segg ik, laat uns doch in dat niege Johr rinslapen, denn sünd wi den annern Moorn vergnöögt un fideel. Aver Erna seggt, an' Sylvester is en avends kandidel un nich an' annern Morrn. Nee, se will ehr Sylvesterparty.

Woveel Lüüd hebbt jüm denn inlaadt? fröög ik.

Oh, man jo nich! Keeneen! sä Fiete. Hest du Gäst in't Huus, weeßt du nie, wolang as se blieven doot. Kaamt se op Touren, kannst vör ehr Fööt inslapen, dat stöört ehr nich. Nee, wi fiert alleen. Vör'n Fernseher. Mit internationale Stars. Sowat kann uns Rudi Jens mit sien Sylvesterball in sien

79

Kroog nich beden, seggt Erna. De Dreemannka-
pell, de he ut de Stadt anhüürt hett, dat hett keen
Niveau, seggt Erna. Du mußt nich denken, sä
Fiete, wi sitt dor in Puschen vör'n Fernseher, mit
en Buddel Beer in de Hand. Ik mutt mi fein ma-
ken. Swatten Antog, witt Hemd un Sülverkrawatt.
Denn maakt Erna den Fernseher an. Sühst du,
seggt se, wo poppenlustig de dor sünd? Dat sünd
wi nu ok. Du maakst di keen Begriff, süüfz Fiete,
wat denn op mi tokummt! Wenn de in den Kassen
dat Schunkeln un Singen anfangt, denn mutt ik mit
Erna op't Sofa ok schunkeln un singen. Erna, heff
ik maal seggt, dat is je doch bloots Fernsehen, dat
langt, wenn wi tokiekt, wi mööt doch hier nich op
dat Sofa rumramentern. Aver Erna hett seggt,
wenn wi bi anner Fernsehstücken mitwenen un
mitlachen doot, dennso köönt wi bi de Fernseh-
party ok mitfieern. Kannst di wull denken, sä
Fiete, wenn de Klock twölf sleit, bün ik schach-
matt un dootmööd.

He duur mi, so benaut as he vör mi stunn.

Weeßt du dat egens, Fiete, so'n Sylvesterparty in't
Fernsehen, de nehmt se all in' Sommer op.

Du wullt doch nich seggen, keek Fiete mi groot
an, wenn ik mit Erna op dat Sofa, wenn wi dor an't
Singen un Schunkeln sünd, denn hebbt de dat dor
in den Kassen al lang achter sik? Dat kummt ut de
Konservendoos?

Arger di nich, Fiete, sä ik, du kannst dien Vördeel dorvun hebben.

Woso dat?

Tokamen Johr mellst du di un Erna bi dat Fernsehn as Statisten för de Sylvesterparty an. De bruukt je jümmers Tokiekers för sowat. Un dat is doch wat för dien Erna: Sylvester live mit all de internationalen Stars. Wenn't ok merrn in' Sommer is. Aver live is live.

Un wat schall mi dat hölpen? sä Fiete.

Fiete, sä ik, denk maal na! Wenn de Party neuß an' 31. Dezember sendt warrt ...

Do fung Fiete dat Grienen an, so vergnöögt heff ik lang keen grienen sehn.

Kloor, sä he, wenn se dat denn an' Sylvesteravend senden doot, denn segg ik to Erna: Erna, segg ik, vunavend gifft dat nix Nies in't Fernsehen, bloots uns ole Sylvesterparty, aver de hebbt wi je all in' Sommer fiert. Laat uns man to Puuch gahn. Denn Sylvester, dat mutt en live fiern. Live is live, un uns Klock is teihn.

Gelübde

Güstern avend hebbt wi unsen letzten Stammdisch in't ole Johr hatt, un dat is för uns jümmer en ganz besünnern Stammdisch. Wenn wi mit dat Kortenspelen dörch sünd, denn hebbt wi sotoseggen en Ritual, denn geiht dat bi uns mit de Gelübde loos, wat wi allens in dat neegste Johr beter maken wüllt.

Also Peter Timm, de will das Smöken opgeven. Gelübde, hett he seggt, keen Zigarren, keen Nix, Tobak kummt mi nich mehr in't Huus.

Hein Matzen will anner Fruuns nich mehr nakieken. Tokamen Johr hool ik mi alleen an mien Gerda, hett he seggt. Hein un sien Gerda, över dörtig Johr sünd se verheiraadt. Aver bi Hein is dat je so, wenn he en frömde Schöört süht, denn kriggt he en Glimmer in de Ogen. Jagdinstinkte, seggt he, dat sünd Jagdinstinkte. Ik bün nu maal Jäger, dor kann ik, sotoseggen, denn ok gor nix för. Aver wat

Gerda is, de kennt ehren Hein. Laat em ruhig so'n beten op de Pirsch gahn, seggt se, so lang he nicht scheten deit. Un dat deit he je nich, dor is he veel to bang to, wat he neuß to Huus Arger kriggt, so lang kann he pirschen, as he will. Dat Inbilden, dat hölpt em amenn ok en beten över dat Öllerwarrn weg.

Tscha, un Hermann, Hermann Öhlerich, de will nu gegen dat Cholesterin an. Kriminelle Werte, hett sien Dokter em annerletzt seggt, un wenn dat nich enes Daags *Bautz* maken schull, denn muß he dor nu vun weg, vun dat Fetteten un all de lütten Kloren.

Fallt mi nich licht, sä Hermann güstern avend, do broch em uns Kröger en groten Teller mit Gröönkohl, Kaßler, Braatkantüffeln un Swiensbacken. Abschiedsessen, süüfz Hermann un lang sik den Buddel mit den Kloren her. Tokamen Johr warrt dröög leevt, sä he. Gelübde! Aver ik will jüm wat seggen, för so'n Gelübde, dor mutt ik mi Moot andrinken.

Un denn schenk he uns all in.

Op uns Gelübde! sä he.

Un op unsen olen Fründ Samuel! antern wi.

Proost! hebbt wi ropen. Un Samuel schall leven!

Aver wokeen is nu Samuel?

Dat is unsen besten Fründ. He is en olen Englisch-
mann. Hett in London leevt. Man dat is nu al lang
her, över dreehunnert Johr. Un Samuel, de hett en
allerbest Dreih funnen, woans en mit de Gelübde
umgahn kann.

Süh maal, Samuel, de much so geern na't Theater
gahn, dor kunn he nich genoog vun kriegen. Un dat
hett sien Fruu argert, de kunn sik dor giftig över
denken, wenn he all dat schöne Geld för Komedie
un de Fruuns dor utgeven dee. Un do hett se em
eenmaal so tosett, do hett he an den doren Avend in
sien Tagebook schreven — dat hett Hermann Öh-
lerich uns maal vörleest hatt, de Steed, wo dat mit
dat Gelübde vörkummt — also do hett Samuel
schreven: Habe nunmehr das Gelübde abgelegt,
nicht mehr in's Theater zu gehen!

Aver dat hett he natüürlich nich dörchholen un is
doch wedder in't Theater gahn. Un wat hett he do
in sien Tagebook schreven: *Gelübde gebrochen,
aber sofort erneuert!*

Süh, so kann en dat fein utholen mit de Gelübde.
Proost op den olen Samuel!

Reimer Bull

Över'n Weg lopen
Geschichten ut de Lüttstadt

De langsamen Minuten
Geschichten vun hüüt un güstern

So sünd wi je wull
Dag- un Nachtgeschichten

Hett allens sien Tiet
Geschichten mank Anfang un Enn

Langs de Straten
Geschichten to'n Opbewahren

Wat för en Leven
Geschichten över Geschichten

Allens wasst na baven, bloots de Kohsteert nich ...
101 Snack-Geschichten

Op un daal
Lust- un Lastgeschichten

Wiehnachten so oder so
Advent, Wiehnachten un Sylvester

Erschienen im

Quickborn-Verlag

Herausgegeben von

Uwe Friedrichsen

Geschichten
sünd mien Frünnen

Der bekannte Schauspieler
Uwe Friedrichsen ist mit der
plattdeutschen Sprache aufgewachsen.
Für dieses Buch hat er Geschichten
und Gedichte vieler namhafter Autoren
zusammengestellt – plattdeutsche
Texte, die ihn sein Leben lang
begleitet haben und die
über die vielen Jahre seine
»Freunde« geworden sind!

Erschienen im
Quickborn-Verlag

Wiehnachten op Platt

Hermann Bärthel
Witte Wiehnacht

Gerd Bahr
Schummertiet

Reimer Bull
Wiehnachten so oder so

Rudolf Kinau
Mien Wihnachtsbook

Gerd Spiekermann
Wiehnachts-Stress

Günter Timm
Wiehnachten geiht kloor

**Dat groote plattdüütsche
Wiehnachtsbook**
50 plattdeutsche Winter- und Weihnachtsgeschichten

Wiehnachtsmann kiek mi an ...
Plattdeutsche Weihnachtsgedichte

Erschienen im
Quickborn-Verlag